童眼识天下 科普馆

HAO CHI DE GUO SHU

好吃的果蔬

童心 ○ 编绘

化学工业出版社
·北京·

编绘人员：

王艳娥	王迎春	康翠苹	崔　颖	王晓楠	姜　菌	
李佳兴	丁　雪	李春颖	董维维	陈国锐	寇乾坤	
王　冰	张玲玮	盛利强	边　悦	王　岩	李　笪	
张云廷	陈宇婧	宋焱煊	赵　航	于冬晴	杨利荣	
张　灿	李文达	吴朋超	曲直好	付亚娟	陈雨溪	
刘聪俐	陈　楠	腾程伟	高　鹏	虞佳鑫		

图书在版编目（CIP）数据

童眼识天下科普馆．好吃的果蔬／童心编绘．
北京：化学工业出版社，2017.7（2024.7 重印）
ISBN 978-7-122-29948-2

Ⅰ．①童… Ⅱ．①童… Ⅲ．①常识课-学前教育-
教学参考资料　Ⅳ．①G613

中国版本图书馆 CIP 数据核字（2017）第 136750 号

项目策划：丁尚林　　　　　　　　　　　　责任校对：王素芹
责任编辑：隋权玲　　　　　　　　　　　　装帧设计：刘丽华

出版发行：化学工业出版社(北京市东城区青年湖南街13号　邮政编码100011)
印　　装：北京宝隆世纪印刷有限公司
889mm×1194mm　1/20　印张4　2024年7月北京第1版第8次印刷

购书咨询：010-64518888
售后服务：010-64518899
网　　址：http://www.cip.com.cn

凡购买本书，如有缺损质量问题，本社销售中心负责调换。

定　　价：25.00元　　　　　　　　　　　　　　　　版权所有　违者必究

前言 FOREWORD

欢迎光临"果蔬美食屋",这里有很多美味的水果和蔬菜!水果和蔬菜不仅好吃,还有神奇的魔法,能为我们补充能量,让身体更加健康。

水果好吃,好看,还很有趣呢!瞧,菠萝像不像烫了一个爆炸头?臭臭的榴梿吃起来却很香;石榴成熟后会自己咧开嘴……不仅如此,水果的作用也很多:苹果能增强记忆力,梨是润肺好帮手,猕猴桃营养很全面,樱桃可以补充铁元素……

蔬菜是我们必不可少的食物之一,人体必需的维生素C,90%都来自蔬菜。清香的黄瓜、甜脆的胡萝卜、开胃的辣椒、甜甜的红薯……都是蔬菜大军的一员。它们不仅营养丰富,身上还藏着许多小秘密呢!

想更多地了解水果和蔬菜吗?想知道它们身上隐藏着什么秘密吗?那就走进《好吃的果蔬》里去看看吧。

目录 CONTENTS

- 06 　温带水果之王——苹果
- 08 　润肺好帮手——梨
- 10 　金黄色的快乐果——香蕉
- 12 　晶莹的果中明珠——葡萄
- 14 　天下第一果——桃
- 16 　橘子浑身都是宝
- 18 　穿着"厚外套"的柚子
- 19 　酸甜多汁的橙子
- 20 　天然的空气清新剂——柠檬
- 22 　盛夏水果冠军——西瓜
- 24 　娇美的草莓

06

22

- 26 　晶莹的珍珠果——荔枝
- 28 　营养全面的猕猴桃
- 30 　远道而来的菠萝
- 32 　榴梿是香还是臭？
- 34 　生命之果——樱桃

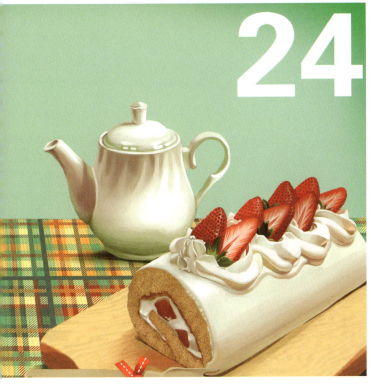

36	水果中的超人——李子
38	热带水果宠儿——椰子
40	金色蜜果——杧果
41	多籽的石榴咧嘴笑
42	淡雅清香的人参果

44	酸酸甜甜的番茄
46	黄瓜穿绿衣
48	甜脆"小人参"——胡萝卜
50	排毒高手——莲藕
52	弯弯的扁豆像小船
54	营养大王——西蓝花
56	青青的芦笋有营养
58	马铃铛一般的土豆
60	开胃小能手——辣椒
62	多汁的保健先锋——洋葱
64	会变身的鲜美木耳
66	矿物质丰富的海中来客——海带
68	香香的粗纤维"行家"——芹菜
70	美味的"真菌皇后"——香菇
72	瓜中极品——冬瓜
74	高水分的餐桌常客——白菜
76	香甜的蔬菜明星——红薯
78	营养"模范生"——菠菜
80	紫色的"营养达人"——茄子

温带水果之王——苹果

苹果不仅吃起来又甜又脆,营养也十分丰富,它还是温带水果之王呢。

"水果医生"

苹果中含有果糖、蛋白质、维生素,以及丰富的锌元素,这些营养很容易被人体吸收,可以提高免疫力,改善呼吸系统机能,还能美容减肥,怪不得有人把苹果称为"全科医生"呢!

"红脸蛋"的奥秘

苹果没有成熟时是绿色的,成熟之后就变得红彤彤的,这是怎么回事呢?原来,在没有成熟时,苹果果皮里有很多叶绿素,所以呈现绿色,然而,随着阳光的照射,叶绿素渐渐被苹果里一种叫叶绿素酶的物质分解,果皮中的胡萝卜素和花青素就成了主力,它们是红色、橙红色的,于是苹果的"小脸蛋"就变红了。不过也有例外,有的苹果果皮中的叶绿素特别多,无论怎么晒太阳都"晒不红",青苹果就是如此。

苹果家族

除了红色,苹果还有绿色和黄色的。它们不仅颜色不同,营养价值和功效也不太一样:红苹果对心脏很好,青苹果更利于牙齿健康和骨骼强壮,而黄苹果能保护我们的视力。

润肺好帮手——梨

又到了梨子飘香的季节,一个个梨子挂在树上,有黄色的,也有绿色的,里面的果肉晶莹透亮,饱满多汁。

润肺能手

你知道吗?梨不仅好吃,还能治病呢。梨和冰糖是一对最佳拍档,它们碰到一起,就会发挥神奇的功效——梨本来就有润肺的功效,搭配冰糖食用,简直可以称得上是咳嗽的克星了。

一脸"小雀斑"

梨虽然体形不错,但有的脸上却长着"小雀斑",这是怎么回事呢?这是因为梨的表皮有许多呼吸孔,里面会沉淀许多色素,慢慢就形成了黑色的小斑点。这些小斑点虽然不漂亮,但能够防止梨中的水分流失,让梨保持爽口多汁的口感。

鸭梨

鸭梨的肚子圆滚滚的,果柄上还有一个突起,就像鸭子的头一样。鸭梨的味道清甜爽口,在吃完油腻的东西后,吃它解油腻准没错。

香梨

香梨的全名叫库尔勒香梨,它穿着黄绿色的薄外衣。香梨个头不大,但它酥脆香甜,味道非常好。

金黄色的快乐果——香蕉

香蕉穿着金黄色的外衣,里面包裹着又白又软的果肉,远远就能闻到甜甜的香气。

快乐果实

香蕉不仅味道香甜、营养丰富,还能带给我们快乐呢。原来香蕉中含有一些叫血清素、去甲肾上腺素和多巴胺的物质,这些物质有抵抗不良情绪的本领,还能让我们振奋精神,变得快乐起来呢!

热量达人

香蕉的热量很高,在常见的水果中遥遥领先:一根香蕉为我们提供的热量大约相当于半碗米饭的热量呢。在正餐间隔,如果感到肚子饿,那就吃一根香蕉吧,绝对是补充体力的优质选择!

晶莹的果中明珠——葡萄

葡萄营养丰富、酸甜可口,被誉为水果中的"水晶明珠"。

多彩明珠

葡萄种类丰富,颜色多样:绿色、红色、黑色、紫色……每种颜色的葡萄都有自己的本领:绿葡萄对我们的肺很好,红葡萄可以软化血管,黑葡萄能让我们的头发变得更加黑亮,紫葡萄则是抵抗衰老的法宝……

葡萄糖宝库

葡萄的含糖量可高了,其主要成分是葡萄糖,它们能被我们的身体快速吸收。如果有人出现了低血糖的症状,那就喝一杯葡萄汁吧。

好玩的变身

除了洗干净后生吃,葡萄还有很多其他吃法,葡萄汁、葡萄干、葡萄酒都是葡萄变身后的食品。其中最值得一提的是葡萄干,它是葡萄晒干后的产物。葡萄干个头小,却非常香甜,很有嚼劲,还富含铁和钙,对我们的身体很有好处。

天下第一果——桃

桃子外形美观，果肉香甜，被誉为"天下第一果"。"桃族"的成员有很多，油桃、蟠桃、碧桃都是其中的代表。

桃中怪客——油桃

油桃是桃子家族中的异类，它没长桃毛，表皮滑溜溜的，就像涂了一层油一样，亮得发光。油桃的果肉脆脆的、甜甜的。

桃子为啥毛茸茸？

很多品种的桃子表面都长着一些小绒毛，这些毛有什么用呢？桃子是在夏天结果的，夏季炙热的阳光洒到大地上，很多植物都被晒得没精神了，不过桃子不怕烈日，因为桃毛能帮它们遮挡阳光。不仅如此，下雨的时候，桃毛还像保护伞一样帮忙遮挡风雨。另外，桃毛还在桃子的表皮形成一层保护网，使桃子不会轻易开裂。同时，有了桃毛，小虫子就没那么容易在桃子上爬来爬去了，所以桃毛还有防虫害的作用呢。

补水专家

　　桃肉含蛋白质、粗纤维、钙等营养物质,而且水分含量很高。当你感到口渴时,除了喝水之外,吃一个饱满多汁的桃子,也是不错的选择哟。

橘子浑身都是宝

剥开橘子皮，里面酸酸甜甜的果肉是很多小朋友的最爱。但你知道吗？橘子除了好吃之外，还有一身好本领呢！

富含维生素C

橘子含有丰富的维生素C，一般来说，每天吃3个橘子就能满足成年人一天对维生素C的需求了，而小朋友每天吃1~2个就可以满足身体需要了。

数数橘子有几瓣？

橘子的果肉是一瓣一瓣的，吃的时候只要轻轻一掰就能分离下来。你留意过橘子有几瓣吗？一个橘子一般有7~10瓣，当然也会有例外。橘子有几瓣果肉，是由一个叫心皮的家伙决定的，每个心皮对应一瓣果肉。

浑身都是宝

橘子的橘瓤上覆盖着一些白色的网状经络,吃起来有些苦味,它们的名字叫作橘络,能治疗咳嗽。橘子皮晒干放置一段时间后就变成了一味药材——陈皮。每瓣橘子果肉里都有几粒果核,那是橘子的种子,有止痛的功效。

穿着"厚外套"的柚子

柚子个头不小,水分也多,香气更是浓郁。不过,柚子最特别的地方还是它那件金黄色的"厚外套"。

"厚外套"

柚子的外套——果皮很厚,果皮和果肉之间有一层白色物质,就像海绵一样。除去果皮,柚子的清香立刻会让你神清气爽。

"健身"好水果

柚子对我们的身体很有好处,它能够帮助身体更好地吸收钙和铁。此外,柚子不仅具有健胃的功效,还能促进消化呢。

酸甜多汁的橙子

橙子是柚子和橘子杂交后的产物,是柑橘类水果的一员。它不仅是维生素C宝库,还具有防癌的作用呢。

橙汁怎么苦苦的?

橙子的果肉酸酸甜甜的,但为什么鲜榨的橙汁味道却有些苦呢?这是因为橙子中含有柠檬苦素和橙皮苷,它们是橙皮和种子中的两种苦味物质,虽然苦,但却非常有营养,其中柠檬苦素更是抗癌高手。

大名鼎鼎的脐橙

脐橙的顶部长着一个"肚脐眼儿",它是橙子家族最有名气的成员之一,味道非常清甜。我们有时能在脐橙的肚子里面发现另一个小橙子,它是脐橙的双胞胎"弟弟",是没有发育完全的小果实。

天然的空气清新剂——柠檬

闻一闻,妈妈把什么放到房间里了?清新的味道让人感觉清爽极了!哇,原来是一片柠檬呀!

空气清新剂

小朋友,你喜欢柠檬的香气吗?你是不是很好奇:柠檬怎么这么香呀?柠檬的果皮中藏着很多芳香挥发成分,正是它们让柠檬释放出了清新的香气。

看看柠檬什么样

黄黄的柠檬是椭圆形的,中间圆,两头窄,顶部还有一个微微凸起的小尖脑袋。柠檬的果皮厚厚的,还有些粗糙,想要用手将它剥开可没那么容易。

柠檬为啥酸溜溜？

你知道柠檬为什么酸溜溜的吗？这是因为柠檬中有一种物质——柠檬酸，柠檬酸的味道是酸的，正是因为它的存在，柠檬才会有酸酸的味道。

盛夏水果冠军——西瓜

有这样一则谜语：身穿绿衣裳，肚里生红瓤，结的是黑籽，消暑甜又凉。大家知道这则谜语的答案吗？没错，答案就是西瓜。

为啥叫西瓜？

西瓜为什么叫西瓜，而不是"东瓜""北瓜"呢？这和西瓜的身世有关，西瓜是汉代时期从西域传入的，为了纪念它的家乡，人们就为西瓜起了这样一个名字。

西瓜瓤为什么是红色的？

小朋友，你知道西瓜瓤为什么是红色的吗？这是因为西瓜中含有一种叫番茄红素的物质，就是它让西瓜的果肉变成了红色。

番茄红素宝库

番茄红素的本事可不小,除了能让西瓜的颜色变成好看的红色,它还能提高人体的免疫力,预防癌症和其他疾病。

西瓜其实是"水瓜"

口渴的时候,吃上几口西瓜,立刻就会感觉不那么渴了,这是因为西瓜中含有大量水分。西瓜拥有强大的补水能力,叫它"水瓜"一点儿也不为过。

娇美的草莓

草莓是水果家族的"美人",身材娇小,外形是小小的心形,还穿着鲜红色的外衣。不过,草莓很"娇气",它鲜嫩的外皮一不小心就会"受伤"。

生长发育好帮手

草莓营养丰富,含有丰富的氨基酸、维生素和矿物质,其中维生素C的含量比苹果还要高出7~10倍。草莓能帮助消化、排毒,具有保健功效,它也被称为"水果皇后"。

我的种子在外面!

很多水果的种子都被小心地包裹在果肉里,例如桃和梨。草莓却与众不同,它竟然让种子长在了身体表面!草莓的表面长着一个个小颗粒,那里面包裹着的就是草莓的种子。

种子在外有原因

草莓在夏天成熟,等到了秋天,果实会渐渐变得干瘪,这个时候,上面的种子就会直接掉落在土地上,等待合适的机会生长繁殖。这想必是草莓让种子长在外面的原因之一吧!

晶莹的珍珠果——荔枝

荔枝的外皮上有一些小突起,就像穿了一件铠甲似的,摸上去一点儿也不光滑。剥开这层薄薄的外皮,你会发现里面珍珠一般的果肉。

营养高手

荔枝不仅能补脑,果肉里还含有丰富的维生素C和蛋白质,能提高我们抵抗疾病的能力。不过,荔枝虽好,也不能多吃,要不然就会得"荔枝病"——低血糖,出现头晕、口渴、恶心、乏力等症状。

无用的铠甲

别看荔枝的外皮看上去就像一件铠甲,但实际上,它们非常薄,而且还有很多空隙,水分就是从这些空隙中悄悄溜走的。果肉没了水分,很快就变得干巴巴的了。

呼吸的影响

水果也会像人一样呼吸,在这个过程中,它们会渐渐腐烂。水果们的呼吸很安静,我们根本听不到,其中荔枝的呼吸强度比较大,可达苹果的4倍,因此,荔枝腐败的速度也比其他水果快。

营养全面的猕猴桃

猕猴桃也叫奇异果,它的外形的确挺奇怪:穿着褐色的外套,表面还有一层绒毛,褪下这件外衣后,里面藏着绿色的果肉,就像还没成熟似的。

为啥叫猕猴桃?

有人认为因为猕猴特别喜欢吃这种水果,人们索性就这样命名了。还有一种说法:猕猴桃看上去和猕猴有些像,所以人们就给它起了这个名字。

猕猴桃不是桃

别以为猕猴桃的名字里有一个"桃"字,它就是桃子大家庭的成员,事实上,猕猴桃和桃是两种完全不同的水果。

我也长毛

虽说猕猴桃和桃并不是同一种水果,但它们却有一个共同的特征——表皮都长着绒毛。说起这层绒毛的好处,你可以想象一条小虫子想爬到水果上喝点果汁,吃点果肉,它一定不会选择猕猴桃,因为它身上浓密的细毛会让小虫寸步难行。

全能营养冠军

猕猴桃不仅好吃,还是水果家族的全能营养冠军呢。它含有丰富而全面的营养物质:除了含有猕猴桃碱、钙、钾、锌,还含有丰富的维生素,真不愧是水果中的全能王。

远道而来的菠萝

菠萝是一种非常著名的热带水果,它的家乡在南美洲。不过,它不像香蕉和椰子那样长在高高的树上,而是生长在矮小的叶丛中。

时尚达人

菠萝是水果界的"时尚达人",它造型别致,头顶"爆炸头",身穿酷酷的黄色外衣,上面布满小刺。菠萝这身装扮可不是为了好看,而是它保护自己的手段,有了这层带刺的外衣,动物们就会无从下口,菠萝也就能平安长大了。

好麻啊!

为什么吃完菠萝后嘴巴和舌头会变麻呢?菠萝里有两个捣蛋鬼——菠萝蛋白酶和苷类物质,这两个调皮的家伙具有很强的刺激作用,我们的口腔黏膜和嘴巴上的皮肤都很娇嫩,很容易被它们刺激出现发麻的症状,还会有刺痛的感觉。将菠萝用盐水泡一下再吃,就不会出现这种情况了。

解腻高手

菠萝蛋白酶可不是只会给我们捣乱,它还有很厉害的本事——分解和消化蛋白质,在吃了油腻的食品之后,来一块菠萝,绝不会错。

榴梿是香还是臭？

榴梿可是备受争议的话题水果：有的人对它爱得不得了，有的人却看到它就会皱眉。榴梿到底有什么特别呢？一起来了解一下吧！

大块头

榴梿的个头不小，足足有一个橄榄球那么大，它的果皮看上去可了不得，上面生着密密的三角形刺。不过在这样的外表下，却隐藏着榴梿柔软的内心——它黄色的果肉软软的，细腻而香甜。

奇怪的气味

榴梿的味道很奇怪,有人甚至用腐肉、松节油和带着汗臭味的运动袜来形容榴梿果肉的味道。榴梿为什么有这么奇怪的味道呢?研究发现:榴梿中有120多种化合物,正是这些化合物齐心协力,打造出了强劲的榴梿味。

水果中的王者

味道臭臭的榴梿有着"水果之王"的美誉,这和它极高的营养价值是分不开的:榴梿可以补充我们身体所需的能量和营养,其中丰富的氨基酸还能提高我们的免疫力。

生命之果——樱桃

樱桃个子小小的，看上去晶莹剔透，漂亮极了。樱桃富含维生素、蛋白质以及钙、铁等元素，是公认的"生命之果"。

脸皮薄的"小姑娘"

樱桃身材娇小，胖嘟嘟的小脸蛋似乎永远在脸红。不仅如此，樱桃的"脸皮"可薄了，仿佛轻轻一碰，包裹在里面的果肉就会跑出来。

含铁冠军

在水果家族中，樱桃是含铁量最高的成员，常吃樱桃可以补充人体中的铁元素，防治缺铁性贫血，增强体质。

远道而来的车厘子

车厘子也是樱桃家族的成员，只不过车厘子属于外国来客，和我们平时常见的普通樱桃相比，它的颜色偏暗红色，而且果皮略厚，个头也大一些。

水果中的超人——李子

李子可是水果中的"大美女",它长着饱满圆润的脸庞,颜色美艳,惹人喜爱。

"擦粉"的李子

李子真是太爱美了,它脸上还擦着"粉"呢,白白的一层覆盖在果实上面。这层粉叫蜡粉,是李子生长过程中自然形成的。

超级英雄

为什么说李子是水果中的超人呢?这是因为它体内含有一种叫抗氧化剂的物质,这种物质可以预防疾病,提高抵抗力。此外,李子的味道甜中有酸,可以催促我们的肠胃快点蠕动,加快消化。

李子不能多吃

李子虽然好处不少,但也不能多吃,否则不仅牙齿会受不了,脾胃也会受到伤害。所以,李子虽然好吃,但吃的时候也要适量。

热带水果宠儿——椰子

有一种水果,它生活在热带,长在高高的树上,它坚硬的外壳里藏着美味的汁水……没错,它就是椰子。

我的身上有三个洞

椰子的身上长着三个洞。这三个洞的用处可不小,它们是三个萌发孔,在椰子刚开始生长的时候,其中一个萌发孔里会长出芽来,它会向内吸收养分,让椰子慢慢长大。

来杯椰子汁

乳白色的椰子汁就像水一样清亮,滋味甜甜的,很解渴。除了味道好,椰子汁的营养也很丰富,蛋白质、维生素C及一些对我们身体发育很重要的矿物质,在椰子汁中都能找到。夏天的时候,喝椰子汁还能解暑呢!

漂洋过海

　　椰子是出色的海上旅行家，它成熟后会从树上掉下来，如果掉进海里，椰壳可以像小船一样在海面上随风漂荡，直到漂回岸边。被冲上岸后，如果环境适宜，椰子就会在那里生根发芽，长成新的椰子树。

金色蜜果——杧果

杧果穿着一件金黄色的外衣，和柠檬有点像。不过，和柠檬相比，杧果身材偏瘦，还长着一个微翘的头，就像是个胖胖的月牙。

止吐小法宝

杧果有一项特殊技能，那就是止吐。当我们晕车、晕船的时候，杧果就能帮上大忙了，它可以缓解我们的眩晕和呕吐。

小心过敏

杧果虽然好吃，却含有一些危害健康的成分，有可能对我们的皮肤黏膜造成刺激，让我们的皮肤变得红红的。

多籽的石榴咧嘴笑

石榴是水果中的小顽皮,它可爱笑了,成熟之后常常咧开嘴,露出饱满的果实,像是一颗颗红色的小牙齿,又像是晶莹的宝石,看起来诱人极了。

排毒有一套

石榴不但长得好看,而且营养丰富。它含有丰富的维生素C、红石榴多酚和花青素,能帮助排出身体毒素,本领可不小。

籽儿多又多

说起石榴最明显的特征,那就是它一肚子的籽儿,裹在鲜红的外衣里面,汁水充足,用手将果粒一粒粒送进嘴里,就能吮吸到酸甜可口的石榴汁。

淡雅清香的人参果

如果看过《西游记》，你一定会对里面提到的人参果印象深刻，那是种神奇的果子，据说闻一闻就能活几百岁呢。现实中也有人参果，它虽然不像神话中有那么神奇的功效，但本领也不小。

我的故乡在远方

人参果的故乡在遥远的南美洲，它的学名叫作南美香瓜茄，人参果在中国扎根落户不过才几十年而已。

营养大本营

人参果可以防治高血压、冠心病和癌症，曾被医学界称为"抗癌之王"。人参果中的蛋白质含量很高，它所含的氨基酸非常容易被人体吸收；不仅如此，人参果还是维生素和微量元素的宝库，尤其是硒、钙的含量，更是将其他水果远远地甩在了后面。

走近人参果

人参果的形状和人的心脏很像。成熟时，它的果皮会变成金黄色；果肉则是淡淡的黄色，柔软而滑嫩；果实里面没有核，吃起来真是方便极了。人参果虽然汁水多，能够解渴，但是汁水中的糖分很低，没有什么特别的味道，细细品尝能感受到淡淡的清香和甜味。

酸酸甜甜的番茄

番茄又叫西红柿，它长得圆圆的，像一个小球，鲜艳的颜色让人一看就很有食欲。

菜中之果

番茄可以生吃，也能做菜：生吃的时候味道酸甜，滋味一点儿也不比水果差，不过，生吃番茄的时候，它含有的番茄红素和胡萝卜素很难被吸收，但只要和鸡蛋搭配起来炒着吃，那吸收率就会提高很多。

茎和叶

西红柿的茎和叶上都长着细毛，看上去这没什么特别的。不过，如果你站在西红柿田中深吸一口气，就会闻到一股特殊的味道，这种味道是西红柿的茎和叶散发出来的。

圣女果

圣女果是番茄家族中的小成员,又叫"樱桃番茄"。它个头小小的,像色彩鲜艳的珍珠。圣女果是最原始的番茄品种。500多年前,南美洲土著的番茄品种就是像圣女果一样的小型番茄,被引入欧洲后,人们不断选育,才培育出了现在我们熟知的大番茄。

黄瓜穿绿衣

黄瓜喜欢生活在温暖的环境里,它的果实绿绿的,鲜嫩多汁。把新鲜的黄瓜洗干净,咬上一口,顿时嘴里会充满清爽的香气。

成熟了才变黄

黄瓜明明是绿色的,为什么却叫黄瓜呢?应该叫"绿瓜"才对呀!告诉你一个秘密:原来,我们平时吃的绿色的黄瓜是没有成熟的。真正成熟的黄瓜是黄色的,但味道一点儿也不好,人们发现黄瓜还是绿色的时候味道最好,所以就在这个时候将它采摘下来食用了。

保护刺

黄瓜的身上长着一些小刺,这些小刺是起保护作用的,一些动了歪心思的小动物一看到这些小刺,就只能放弃吃掉黄瓜的想法,去找别的食物了。

我的本名叫胡瓜

关于黄瓜这个名字还有一个历史小典故呢。古代的时候,黄瓜因为出身西域,那时的名字叫作胡瓜,后来,羯族人石勒称王,他认为汉人将少数民族称为"胡人"有贬低的意思,因此很不喜欢"胡"字,就将"胡瓜"改成了"王瓜"。由于发音不清,时常说成"黄瓜",于是"黄瓜"就这样流传下来了。

甜脆"小人参"——胡萝卜

胡萝卜又甜又脆，有着滑溜溜的皮，还穿着漂亮的橙色"外衣"。不仅如此，它还非常有营养，有"小人参"的美誉呢。

胡萝卜不是萝卜

胡萝卜虽然叫萝卜，但它不属于萝卜家族，萝卜主要包括白萝卜、青萝卜等。萝卜的花只有四片花瓣，而胡萝卜的花却小小的，一朵朵聚在一起像小伞一样。

熟吃才好

胡萝卜虽然生吃很美味，但是营养却很难被吸收，所以小朋友们还是要多吃煮熟了的胡萝卜。

胡萝卜素充电站

　　胡萝卜中的胡萝卜素非常丰富,它不仅让胡萝卜呈现出漂亮的橙红色,还让它拥有了极高的营养价值。胡萝卜素能够在我们的身体中转化成维生素A,然后被身体充分吸收,对我们的眼睛有好处,还有助于治疗夜盲症呢。

排毒高手——莲藕

夏天到了,池塘中的荷花随风摇摆,真好看!小朋友,你知道吗?荷花不仅长得漂亮,它的茎——莲藕还是美味的食物呢。

藕断丝连

试一试,将一根完整的莲藕从中间掰断,你会发现莲藕虽然断了,但中间有很多白色的藕丝还连着。原来,莲藕内部有很多螺旋状的管道,用来传输水和养料,当莲藕被折断后,这些管道就像被拉长的弹簧一样,变成了我们看到的一根根细丝。

我的肚里有小洞

别看莲藕表面看上去很光滑,它的肚子里可都是一个个小洞呢!别纳闷,这些小洞可不是摆设,而是呼吸的通道:通过这些小洞,莲藕才能呼吸到荷叶传送过来的新鲜空气,要不然,藏在水下的莲藕就会憋坏啦。

人体"清洁工"

莲藕白白嫩嫩，吃起来脆脆的，还带有一丝甜味，它还是排毒高手呢。莲藕可以让我们身体中的废物快点排出去，就像身体里的"清洁工"一样，能把没用的身体垃圾通通都打扫出去。

弯弯的扁豆像小船

扁豆又扁又平,还微微有些弯曲,像是小小的船,一颗颗豆子就藏在"船肚"里。

成长小帮手

扁豆的口感又脆又嫩,而且味道清香,即使和别的蔬菜放在一起烹制,它也会保持自己独特的风味。不仅如此,它的营养成分也十分丰富,包括了蛋白质、膳食纤维、钙、锌、铁和钾,等等。其中,锌能促进身体发育,让小朋友更好地成长。

有毒的危险蔬菜?

扁豆虽然味道很好,营养价值也很高,但其实它是个"危险人物"。为什么这么说呢?因为扁豆中含有一些天然毒素,只有在100℃的高温下,持续加热一段时间,才能将毒素破坏。所以,吃不熟的扁豆很容易食物中毒。

营养大王——西蓝花

西蓝花滋味鲜美爽口,而且营养丰富,"蔬菜界营养大王"的称号对它来说,真是再合适不过了。

提高记忆力

西蓝花可是提高记忆力的高手,它可以刺激大脑细胞,让我们的大脑兴奋起来,而我们的大脑越兴奋,记忆力就会越强。

为成长加油

西蓝花不仅是健脑好帮手,也是出了名的抗癌明星,还能帮我们增强身体免疫力呢!吃西蓝花对小朋友的生长发育好处可多啦。

青青的芦笋有营养

春天到了,芦笋悄悄地从大地上探出了脑袋,迎着春风生长。过不了多久,芦笋的嫩茎就可以采摘下来,做成清香鲜美的佳肴了。

味道一顶一

芦笋味道十分鲜美,口感柔嫩可口,还有改善食欲的功效呢!小朋友胃口不好的时候不妨尝尝芦笋,没准它会把你肚子里的馋虫都勾出来呢。

芦笋的模样

芦笋的身材一般都不错,匀称又修长;皮肤的颜色有的是油亮的绿色,有的是娇嫩的白色;身体表面还长着一些像鳞片的小东西。

营养福星

芦笋不仅味道堪称一绝,还有极高的营养价值。芦笋中氨基酸、蛋白质、维生素和微量元素的含量都相当丰富,比一般的蔬菜都高出很多。

马铃铛一般的土豆

土豆的味道可真不错,又绵又软,香甜可口。土豆还是个全能选手:除了味道好,营养也很丰富呢!

我的名字可不少

土豆又叫"马铃薯",它为什么有这样一个名字?瞧!一个个土豆看上去多像一个个马铃铛啊,土豆因此得名"马铃薯"。其实啊,土豆的名字还真不少:洋芋、薯仔,说的都是它。

小土豆,大本领

土豆的样子很普通,黄色的皮上还长着一些黑色的小斑点,但土豆却因为含有丰富而全面的营养,获得了"十全十美食物"的美名。土豆中丰富的维生素和矿物质是人体生长发育不可缺少的营养元素,对小朋友的健康特别有好处。

彩色的土豆

你见过彩色的土豆吗？它们是新技术培育出的土豆家族新成员，有红色的，有紫色的，看上去真是鲜艳极了。这些新成员们不仅颜色漂亮，营养价值也更加丰富了，其中的花青素，可是抵抗癌症等疾病的好法宝。

开胃小能手——辣椒

要说蔬菜家族中谁的脾气最火辣,那非辣椒莫属。辣椒大多穿着一件圆锥形的火红外衣,和它浓烈的味道很相配。

辣椒素的魔法

辣椒为什么辣?这是因为辣椒中有一种特殊的物质——辣椒素,它刺激我们的舌头和口腔黏膜,产生一种很像灼烧的感觉,让我们品尝到辣味。

开胃靠它

辣辣的味道会刺激我们的大脑，受到这种刺激，大脑就会发出指令，让胃液和唾液都加快分泌，我们的肠胃因此加快了蠕动的速度，这样一来，我们不仅会胃口大开，吃饭香香的，消化能力也会有所增强哟。

维生素 C 冠军

谁是蔬菜家族的维生素 C 含量冠军？你一定想不到，答案竟然是辣椒！辣椒的维生素 C 含量远远超过其他的蔬菜伙伴。

多汁的保健先锋——洋葱

洋葱是蔬菜战队的一员大将,它味道独特,柔嫩多汁,一道菜要是有了它,滋味就立刻不同起来。不仅如此,洋葱还具有保健的功能哟。

为什么切洋葱会流泪?

切洋葱的时候,我们会流眼泪,这是怎么回事呢?原来啊,当我们切开洋葱的时候,洋葱会释放出一种刺激性的物质,为了保护我们的眼睛不被灼伤,大脑就发出命令,让泪腺流出眼泪,将这些物质冲刷掉。切洋葱流泪是眼泪在保护我们呢!

洋葱有点辣

洋葱尝起来辣辣的,这是其中的蒜素在发挥作用。它们不仅给洋葱增添了特别的风味,还有保健功能,具有抵抗细菌、发炎和癌症的神奇功效呢!

洋葱家族

洋葱有的是白皮的,有的是紫皮的。你知道洋葱家族的成员们都有什么区别吗?白皮洋葱比较甜,紫皮洋葱的味道则是辣辣的;而且,相比较而言,紫皮洋葱的营养价值更高。

会变身的鲜美木耳

木耳不仅香嫩爽滑，营养丰富，还有一项绝技呢！你知道是什么吗？一起来了解一下吧！

木头的耳朵？

木耳是寄生在树木上的一种菌，它长得就好像我们的耳朵一样，所以人们就给它起了"木耳"这样一个有趣的名字。

木耳变变变！

新鲜的木耳是半透明的，很有弹性，一片片舒展地生长在树木上。然而，在干燥之后，它就收缩了，变得又硬又脆。但是别着急，只要把它放在水里泡一会儿，你就会发现，木耳又舒展开了。

美味的小耳朵

木耳的滋味鲜美,"素中之荤""菌中之花"说的都是木耳。除此之外,木耳还是含铁量非常高的食物,这让它成为人们补血的最佳选择之一。

矿物质丰富的海中来客——海带

海带是著名的"海上之蔬",它的身上带着大海的味道——咸咸的,有一股特别的鲜香。

我的身上有白粉

干海带的表面覆盖着一层白色粉末,这层白色粉末的名字叫作甘露醇,具有利尿、消水肿的功效。

看我的颜色

海带是什么颜色的?绿色?不,海带本来的颜色是褐色,经过一系列加工,在送上我们的餐桌时,才变成了绿色。

营养大师

　　海带营养丰富，其中含有两种物质——牛磺酸和谷氨酸，它们有助于我们大脑的发育和生长。不仅如此，海带还含有钾、碘、钙等丰富的矿物质，能促进骨骼发育，让身体变得更加强壮。在寒冷的冬天，海带还能让我们的身体变得暖暖的，提高抵御寒冷的能力。

香香的粗纤维"行家"——芹菜

芹菜是人们经常吃的蔬菜之一，它的茎秆绿绿的，散发着清新的香气，吃起来清脆又爽口。

特别的香气

蔬菜家族的成员众多，但芹菜可是很特别的一位，这不仅因为它脆嫩的口感，还因为它身上有一种特别的香气。这种香气是芹菜身上的芳香物质发出的。

叶子：我也有营养

我们平时最常吃的就是芹菜的茎。其实芹菜的叶也可以吃，芹菜叶不仅爽口，还非常有营养呢，芹菜叶中所含的维生素C和胡萝卜素都比茎部多。所以，不要小看芹菜叶，它可是深藏不露的营养小能手哟。

粗纤维行家

芹菜有一个非常厉害的本领，它含有大量的粗纤维，是我们肠道的清洁大师，能加快我们肠胃的蠕动，让我们的排便变得非常顺畅。

香气浓郁的水芹

水芹是芹菜家族的成员之一，顾名思义，它生长在水边。水芹长得有些瘦弱，茎部大多有些发白，但是它的香气和味道都非常浓郁，而且口感非常鲜嫩。

美味的"真菌皇后"——香菇

香菇是蘑菇家族人气很高的明星成员,它滋味鲜嫩,还是个营养储备站。

香香的"小伞"

香菇长得像一把小伞。"伞盖"的名字叫菌盖,"伞柄"的名字叫作菌柄,白色的菌肉就躲在一把把"小伞"里。到了餐桌上,香菇就变成香气四溢的美食了。

香菇为啥香?

你知道香菇为什么这么香吗？这要感谢它含有的一种特殊物质——香菇精，正是它让香菇拥有了鲜美的风味。

我的本领多

美味的香菇还有很多厉害的本领呢，它不仅是蔬菜界的"抗癌新兵"，具有防癌、抗癌的功效，还有抗病毒的特殊本领。香菇还含有丰富的维生素 D，在它的帮助下，身体能更好地将吃进体内的钙和磷进行消化和吸收，这对我们骨骼和牙齿的发育都很有好处。

瓜中极品——冬瓜

冬瓜是蔬菜家族的大块头，大多是圆柱形的，看着就像个枕头似的，所以，它还有一个名字，叫作"枕瓜"。

营养佳品

冬瓜营养丰富，含有丰富的蛋白质，不含脂肪，而且热量很低，是塑造健美身材的好食品。

身上有白霜

冬瓜的表面有一层白霜，这是什么？能吃吗？别担心，这是冬瓜成熟时分泌的蜡质，就像一层薄薄的保护膜覆盖在冬瓜的表皮上，这样不仅可以减少水分的流失，外来的微生物也别想侵害它。冬瓜的这层白霜对我们的健康没有任何伤害。

高水分的餐桌常客——白菜

有一种蔬菜,它的叶片绿绿的,叶柄白白的,吃起来清脆爽口,这种蔬菜就是我们经常见到的白菜。

好吃的味道

白菜鲜嫩多汁,清脆可口,还带着一丝甜味。它还能生吃呢,不过在吃之前一定要洗得干干净净哟。

菜叶包裹在一起

白菜看上去没什么特别，宽大的绿色菜叶和白色菜帮都不怎么起眼，一片片普通的菜叶层层叠叠地抱在一起，形成了一个圆柱体。如果一层层剥开，你就会发现一个非常有趣的现象：越被包在里面的菜叶绿色越淡，到了最里面，竟然变成淡淡的嫩黄色了。这是怎么回事？这是因为里面的菜叶见不到阳光，所以叶绿素没有外层菜叶多。

大众蔬菜有营养

白菜的含水量竟然高达95%。冬天的气候很干燥，这个时候，白菜就能发挥它的神奇功效，为我们的身体补充水分。白菜中还含有相当丰富的粗纤维，有助于消化。怪不得人们常说"百菜不如白菜"。

香甜的蔬菜明星——红薯

红薯可是蔬菜中的明星，这不仅因为它穿着一身红色的外衣，还因为它味道又香又甜，而且营养丰富。

丰富的粗纤维

我们在吃红薯的时候，会发现里面有一丝一丝的、像筋一样的东西，那就是红薯的粗纤维，正是它们，加快了肠胃蠕动的速度，帮助我们把身体里的毒素和垃圾赶走！

好吃的根

红薯属于根菜家族。什么是根菜呢?根菜就是将根部送上餐桌的蔬菜。我们平时吃的红薯其实是它的根哟。

最佳蔬菜

红薯由于含有丰富的膳食纤维、铁、钾和维生素等营养物质,曾在最佳蔬菜排行榜名列第一。不仅如此,据说红薯还有抗击癌症的神奇效果哟!

营养"模范生"——菠菜

菠菜颜色鲜绿，味美多汁，是餐桌上的常客。

红根草

菠菜有很多名字，其中有一个叫作"红根草"，这是因为菠菜的根部大多数都是红色的，你看一眼就能认出来。

小数点引起的误会

人们一直认为，菠菜的含铁量很高，多吃菠菜可以补铁。其实菠菜的含铁量不算太高，这一切都源自一位科学家在抄写数据时，将小数点抄错位置了——100克菠菜本来只有3.5毫克铁，但却因为抄错而变成了35毫克。

营养丰富

尽管菠菜铁含量的传奇被打破了,但是我们不能小看它的营养价值。菠菜含有丰富的蛋白质、胡萝卜素、维生素 C、钙和磷等营养成分,它有着"营养模范生"的美誉呢。尤其是其中的胡萝卜素,它能在我们体内转化成维生素 A,对我们的眼睛很有好处,还能促进生长发育呢。

紫色的"营养达人"——茄子

茄子穿着一身紫衣裳,看着真特别,这身衣服在蔬菜大家族中也并不多见。茄子不仅颜色特别,营养还非常丰富呢。

茄子为何穿紫衣?

茄子为什么能有如此特别的颜色呢?这就需要一位特殊的朋友——花青素来为我们揭晓答案了:在茄子成熟的过程中,花青素逐渐形成,正是它让茄子变成了紫色。而且,花青素含量越多的茄子,紫色的程度就越深。